AF495358

UN DERNIER MOT

SUR

SAINTE ODILE ET NOS SOUVENIRS ALSATIQUES

DU VIIe SIÈCLE.

Depuis quelques années, tout semblait avoir été dit sur sainte Odile. Mais l'*Alsatia* de M. Stœber, en ouvrant récemment au travail de M. le professeur Roth, de Bâle, l'asile de ses colonnes patriotiques, a remis en question l'existence de la patronne traditionnelle de l'Alsace.

M. le professeur Roth proclame que sainte Odile d'Alsace est un mythe, et, qui pis est, un mythe venu de par delà les Vosges. Il ne veut pas qu'il y ait eu d'Odile à Hohenbourg avant le XIe siècle, et il attribue la création du sanctuaire de sainte Odile à la fantaisie, ou, pour parler net, à une espèce d'escamotage du pape Léon IX ou saint Léon.

Les motifs du savant Bâlois pour dénationaliser ainsi, après douze siècles, la patronne de l'Alsace, sont les motifs ordinaires de tous les négateurs de légendes; mais nous devons lui rendre cette justice qu'il ne dit pas orgueilleusement, comme tant d'autres, *nego quia nego*, et qu'il sait trouver des déductions historiques que nous ne croyons pas justes, quant à leur conséquence formulée, mais qui ont au moins le mérite d'une vaste et incontestable érudition.

Son premier argument se fonde sur l'existence ultravosgienne de deux autres légendes ou traditions d'Odile, légendes préférables, suivant lui, à celle de notre sainte Odile d'Alsace, qui ne serait ni plus ni moins qu'une échappée du diocèse de Toul, une ombre vagabonde à laquelle on aurait trop facilement accordé l'hospitalité du tombeau de ce côté-ci des Vosges, une usurpatrice enfin du titre de fille de nos plus anciens ducs d'Alsace.

La première en date de ces fatales légendes ultra-vosgiennes, inconciliables à ses yeux avec la tradition de Hohenbourg, serait celle d'une Odile, femme d'un évêque de Toul, morte en 756. Il ne la cite qu'en passant, car (veuillez me permettre le mot) il en a encore une autre en réserve, mais il la cite, parce qu'elle vient de Toul et que décidément sainte Odile doit venir de Toul.

Quoique l'érudit démolisseur de notre sainte Odile d'Alsace ne le dise pas expressément, il y a lieu de croire que cette première légende anti-alsatique est celle de sainte Salaberge ou Sadlaberge, laquelle appartient à la fois à Toul et à Laon, ou plutôt n'appartient à Toul qu'assez indirectement.

Cette légende de sainte Salaberge, dont Duchesne donne un assez long extrait[1], raconte que le noble seigneur Gunduinus, ayant reçu dans sa villa des bords de la Moselle la visite du saint abbé de Luxeuil Eustasius, lui présenta d'abord ses deux fils Leudinus, surnommé Bodo, et Fuculfus. L'abbé Eustasius ayant demandé si c'était là toute la famille, les deux jeunes gens allèrent chercher une petite sœur ou une petite fille germaine (*puellam germanam*) qui était aveugle et à laquelle le saint rendit la vue en versant sur ses yeux l'huile de la bénédiction (*super oculos puellæ oleum benedictionis vir Dei effudit*).

Sainte Salaberge, après s'être mariée et être devenue

1. *Historiæ Francorum scriptores*, tom. Ier. — *Fragmenta de rebus gestis Dagoberti*, p. 647.

veuve, avait fondé un monastère à Laon, où elle eut pour émule de piété Odila, d'une des plus nobles familles des Sicambres (*sic*), femme de Bodo, le frère de Salaberge, lequel, voulant aussi renoncer au monde, se fit moine et ne tarda pas à être appelé à l'évêché de Toul.

On pourrait se demander en quoi la légende de sainte Salaberge infirme la légende de sainte Odile d'Alsace, et pourquoi il y aurait plutôt lieu de croire à sainte Salaberge qu'à sainte Odile? La descendance d'Étichon ayant possédé la Lorraine, a pu apporter la tradition de Hohenbourg à Toul et même à Laon. Légende pour légende, n'est-il pas mieux de croire à celle qui a le plus de racines dans la tradition, dans le respect des siècles, dans le consentement unanime des auteurs les plus accrédités, dans les titres et les documents les plus en possession de l'authenticité, à celle en un mot qui jouit du plus de notoriété? Qui se soucie aujourd'hui de sainte Salaberge et de sa sœur ou belle-sœur Odile de Laon? Qui a jamais songé à faire de ces deux vénérables nonnes le pivot de l'histoire d'une province, le but des pèlerinages de deux peuples, et des hommages enthousiastes des dynasties les plus anciennes de l'Europe? Ramasser sainte Salaberge, pour la jeter comme une pierre à la tête de sainte Odile, c'est faire de l'érudition à faux, c'est donner à la critique une base puérile, car si la légende de sainte Odile est mensongère, pourquoi celle de sainte Salaberge serait-elle plus vraie? Si la légende de sainte Odile a pu être copiée sur celle de sainte Salaberge, pourquoi cette dernière n'aurait-elle pas été plutôt copiée sur celle de sainte Odile? Pourquoi de préférence placer l'emprunt ou le plagiat à Hohenbourg qu'à Laon? Les deux légendes sont à peu près contemporaines, mais l'une n'est jamais sortie des cloîtres de Saint-Jean de Laon, et à sa sécheresse, à son peu de caractère, à son latin assez châtié, elle semble n'être pas de la belle époque des légendes; on la dirait plutôt une paraphrase ou une réminiscence qu'une production d'un seul jet, dictée par une foi enthousiaste. L'autre, au contraire, est en quelque sorte européenne, elle est sous la sauvegarde, non-seulement de la croyance constante du moyen âge, mais de la sanction des plus anciens chroniqueurs; elle a des parchemins que le plus vieux baron chrétien envierait, des parchemins doués de cette qualité si rare des parchemins en général, l'authenticité, autant du moins que l'authenticité peut résulter des certificats des juges les plus compétents.

Il suffit, ce semble, pour prouver la préférence à donner à la légende de sainte Odile sur celle de sainte Salaberge, de citer des noms tels que ceux de Lecointe, de Mabillon, de Schilter, d'Obrecht, d'Albrecht, de Schœpflin, de Grandidier. Et des documents, tels que le fragment de légende retrouvé par Pistor Lebègue et placé au VIIIe siècle par Grandidier[1]; le manuscrit de Honau, édité et commenté par le même auteur[2]; la plus ancienne des leçons du testament de sainte Odile[3], le panégyrique de sainte Ida, celui de saint Hidulphe, le psautier de la reine Emma, la bulle de saint Léon[4], la biographie de sainte Odile en vers latins, écrite en 1044 par Humbert, abbé de Moyen-Moutier[5], la chronique de Richer et celle d'Ebersheim[6], enfin tant d'autres textes de dates postérieures.

L'adversaire de Hohenbourg dit, il est vrai, que dans la biographie de sainte Ida se trouve bien mentionné le pèlerinage renommé du tombeau de sainte Odile, mais non pas indiqué que ce pèlerinage et ce tombeau aient été dès lors à

1. Preuves de l'histoire des évêques de Strasbourg, t. I, n° 27.
2. *Ibidem*, preuve n° 45.
3. *Ibidem*, n° 25, et dissertation IV, p. 90.
4. Albrecht, Preuves, p. 9.
5. *Chronicon senonense, lib. II. cap. XVIII.*
6. *Ibidem, et chronicon novientense.*

Hohenbourg. Nous concevrions que, si le biologue de sainte Ida eût désigné un autre lieu pour ce pèlerinage, M. le professeur Roth se fit une arme de cette désignation; mais le texte se taisant sur ce point, n'est-on pas plutôt en droit d'en conclure que le tombeau de sainte Odile était dès lors où la tradition veut qu'il ait toujours été?

Or, sainte Ida vivait du temps de Charlemagne, et, d'après M. le professeur Roth, sa biographie daterait de l'année 982.

Le même mode d'interprétation, plus humoristique peut-être qu'équitable, se fait remarquer à propos de la légende de saint Hidulphe, abbé de Moyen-Moutier. Parce que le biologue de saint Hidulphe, après avoir rappelé le miracle du baptême d'Odile, se borne à dire qu'elle mena ensuite une vie édifiante et mourut en odeur de sainteté, sans désigner le lieu de sa mort, est-ce un motif pour prétendre que sainte Odile n'a pas vécu et n'est pas morte à Hohenbourg? Où donc est-elle morte? Le biologue ne le dit pas; est-ce là une preuve qu'elle est morte à Toul?

M. le professeur Roth convient que dans la biographie de saint Hidulphe, qu'il a eue sous les yeux, sainte Odile est désignée comme la fille d'Éticho duc d'Alsace, mais il veut bien supposer que cette désignation est une interpolation de la rédaction de 1050, et que dans la primitive rédaction de l'an 963, l'indication du père et de son titre aurait été omise!

Autre argument à l'occasion du diplôme de Louis le Débonnaire en faveur de Hohenbourg. Ici Hohenbourg est nommé en toutes lettres, il n'y a pas moyen de le nier, mais une des deux leçons de ce titre — la plus authentique, je le veux bien — ne nomme pas sainte Odile; on veut en conclure que Hohenbourg et sainte Odile n'avaient encore rien de commun du temps de Louis le Débonnaire. Mais son diplôme n'est qu'une confirmation de biens à l'abbaye de Hohenbourg, confirmation accordée à la prière de sa femme l'impératrice Judith, et en considération de l'intérêt que son père Charlemagne portait à l'abbaye. Il semble donc aisé de comprendre que cette pièce destinée à l'abbesse régnante n'ait pas fait mention de sainte Odile morte déjà depuis un siècle, et qui pouvait néanmoins être inhumée à Hohenbourg. Quant à l'autre leçon du même titre, elle donne, comme on sait, les noms de la bienheureuse vierge Odile et de son père le duc *Adalricus* ou *Ethicus.*[1]

N'oublions pas que dans le neuvième siècle la fondatrice de Hohenbourg était déjà ce qu'on appelle *en odeur de sainteté*, mais qu'elle n'avait encore été l'objet d'aucune bulle pontificale, et qu'elle ne pouvait pas encore avoir d'autel. Le monastère qu'elle fonda sous l'invocation de la mère du Sauveur ne pouvait être connu de Louis le Débonnaire que sous cette désignation et sous celle de Hohenbourg. La leçon réputée la plus authentique ajoute à cette mention de la dédicace à la mère de Jésus-Christ celle d'une seconde dédicace à saint Pierre, prince des apôtres; cette double dédicace n'est pas non plus une preuve contre l'existence du tombeau de sainte Odile à Hohenbourg à l'époque de Louis le Débonnaire.

L'érudit critique de Bâle a beau jeu, sans doute, contre une des leçons du testament de sainte Odile, mais l'autre leçon, si savamment discutée et si formellement déclarée vraie par Grandidier[2], est-il en droit sans plus ample informé de prononcer sa condamnation en quelques lignes? C'est en quelque sorte une question entre M. le professeur de l'université de Bâle et Grandidier, qui a répondu d'avance, il y a quatre-vingts ans, aux arguments reproduits par l'*Alsatia* de 1858.

Mais l'accusateur de sainte Odile d'Alsace motive surtout

1. Voyez les deux leçons de ce diplôme dans Grandidier, tome II, preuves nos 110 et 111, dans la Diplomatique de Schœpflin, tome Ier, et dans Albrecht, preuves, p. 16.

2. Examen du testament de sainte Odile, tome Ier de l'Histoire des évêques, dissertation IV, p. 90.

son réquisitoire en évoquant une autre Odile, lorraine d'origine, quoique abbesse de Hohenbourg au commencement du XIe siècle (vers l'an 1010, suivant l'annaliste de Verdun). La monographie, publiée dans la Revue d'Alsace de 1854 et éditée séparément en 1855, a rappelé que cette Odile, la deuxième du nom dans le catalogue des abbesses de Hohenbourg, était fille du comte Hermann de Verdun, qu'elle abandonna ou quitta l'abbaye de Hohenbourg sans cause bien connue, probablement par suite de la guerre de Lorraine, et qu'elle alla mourir à Verdun où elle fut inhumée dans l'église de Saint-Vitton.

Il paraît avéré, et sous ce rapport le collaborateur de l'*Alsatia* ne soulèvera aucune objection, qu'Odile de Verdun était parente du pape saint Léon, sa mère ayant dû le jour à Louis de Dagsbourg et ayant été par conséquent la sœur d'Elwige ou Heilwige, femme de Hugues IV de Dagsbourg et mère de saint Léon[1]. Odile de Verdun a pu être ainsi la contemporaine du pape, son cousin, ou du moins la contemporaine de sa jeunesse. Ce serait, si nous comprenons bien M. Roth, pour restaurer en quelque sorte, après sa mort, Odile de Verdun à Hohenbourg, que saint Léon aurait imaginé de greffer sur cette tombe toute récente encore la primitive légende d'Odile, femme d'un évêque de Toul, et de donner pour patronne à l'Alsace une sainte tout à fait étrangère à l'Alsace. Dans ce cas, il faudrait donc admettre que le pape saint Léon serait un falsificateur de légendes, qu'au mépris des usages et des canons de l'Église il aurait décerné le titre de bienheureuse à une femme, sa contemporaine, et qu'au vû et sû de tous les contemporains de cette sainte improvisée, il aurait voulu la faire confondre avec l'autre Odile du diocèse de Toul, ou plutôt avec l'Odile de Laon, pour former par l'amalgame de ces deux Ultra-vosgiennes une Odile alsacienne.

1. Voyez Schœpflin, Maison de Dagsbourg.

On a peine à deviner quel motif sérieux aurait pu avoir le pape pour se rendre coupable de ce mensonge solennel à la face de l'Église. Serait-ce parce qu'Odile de Verdun était sa parente? Mais la maison d'Éguisheim-Dagsbourg descendant et s'étant toujours vantée de descendre des anciens ducs d'Alsace, la fille du duc Adalrick ou Étichon aurait aussi été sa parente, son arrière ou bis-arrière grand'tante, et, en admettant la petite spéculation de vanité de famille, prêtée trop bénévolement ou plutôt trop malicieusement à saint Léon, on doit reconnaître qu'il avait plus d'intérêt à exalter une ascendante morte depuis plus de trois siècles, et dont le tombeau était depuis plusieurs générations l'objet des hommages pieux ou des pèlerinages de l'Alsace. D'ailleurs, c'est à tort que l'on veut regarder Léon IX comme Lorrain plutôt qu'Alsacien; il fut bien évêque de Toul avant d'être pape, mais il naquit dans le plus ancien des deux châteaux de Dagsbourg (le Léonsberg près de Valscheid), à quelques lieues de Hohenbourg, et son père Hugues de Dagsbourg avait sa principale résidence ou sa comitive héréditaire au château d'Éguisheim près Colmar.[1]

La bulle de Léon IX en faveur de Hohenbourg rappelle qu'en cette abbaye est le tombeau vénéré de son illustre parente Odile; ce ne pouvait être le tombeau d'Odile de Verdun, puisqu'elle était à peine enterrée à Saint-Vitton de Verdun, où son tombeau est d'ailleurs resté et a continué longtemps à être l'objet d'un culte traditionnel. Cette même bulle prouve que saint Léon n'inventa point, mais qu'il restaura et constitua le culte ou l'invocation de sainte Odile à Hohenbourg. Ce culte et avec lui le régime abbatial avaient été interrompus par suite d'une série de malheurs et de troubles, d'abord par les incursions des Huns secondaires ou Hongrois dans la première moitié du Xe siècle; puis par les usurpations des

1. Voyez Schœpflin, Maison de Dagsbourg, et les auteurs qu'il cite.

avoués abbatiaux, les guerres civiles de la fin du même siècle et du commencement du XIe, enfin par un relâchement excessif de la discipline ecclésiastique. L'abbesse Berthe, ayant pris à tâche de rétablir l'ancienne gloire du monastère, rencontra un auxiliaire zélé dans un pape alsacien d'origine, que ses traditions de famille rattachaient d'ailleurs au souvenir du premier duc d'Alsace. Même avant d'être pape, l'évêque de Toul, Brunon de Dagsbourg avait, en 1045 ou 1046, à raison même de ces souvenirs de famille, travaillé activement à la reconstruction de l'église de Hohenbourg, bien que cette église ne fût pas de son diocèse. Une fois à la tête de la chrétienté, il compléta son œuvre en donnant à la sainteté dès longtemps populaire de la fondatrice de Hohenbourg la consécration officielle ou pontificale. Il n'y a dans la sollicitude de saint Léon pour ce sanctuaire alsacien rien que de très-naturel; lui chercher des motifs qui ne pouvaient être avoués et qui sont invraisemblables, c'est presque le calomnier. En histoire, comme en toutes choses, ne croyons au mal que lorsque des indices suffisants nous autorisent à reconnaître au mal quelque apparente raison d'être. Or, pour accuser le pape saint Léon d'être un faussaire, il faut plus qu'une supposition toute gratuite.

La seconde moitié du XIe siècle n'est donc pas l'ère de la création, mais l'ère de la renaissance du sanctuaire de sainte Odile à Hohenbourg. Elle est aussi l'ère de ses monuments les plus caractérisés encore existants. Sur ce dernier point, nous sommes et nous avons été d'accord avec M. le professeur Roth. Il y a, ou il y avait certainement à Sainte-Odile dans ces dernières années, quelques échantillons plus anciens de l'époque abbatiale, mais ces débris portent ou portaient tous plus ou moins le cachet de remaniements ou restaurations du XIe siècle et du siècle suivant. Le style roman, d'ailleurs — et bien entendu, il s'agit surtout ici du roman primaire — ne saurait, ce nous semble, aussi facilement que le style ogival être délimité par siècle, car sa naissance se perd dans l'agonie de l'art antique, dans les convulsions de la civilisation romaine sous l'étreinte des barbares.

Quant aux monuments de la montagne Sainte-Odile, qui appartiennent aux âges antérieurs à l'abbaye, qu'il nous soit permis de ne pas en parler de nouveau.

L'auteur bâlois, édité ou réédité pour nous par l'*Alsatia*, ne se borne pas à nier sainte Odile d'Alsace, il nie aussi son père, le duc d'Alsace. Cette seconde négation touche au moins autant que la première au cœur de notre histoire provinciale, car Atticus, Étichon ou Adalrick, le père de sainte Odile enfin, est la clef de voûte de la première période alsatique. Otez-le de nos annales, faites écrouler les *villas* ducales d'*Ehnhemium* et d'*Altitona*, et vous serez reduit à chercher vos administrateurs du VIIe siècle outre Vosges ou outre Rhin. Vous n'aurez plus, par conséquent, d'organisation provinciale, partant plus de nationalité, ou pas encore de nationalité, vous ne serez plus qu'une dépendance sans nom de l'Austrasie ou de la Bourgogne.

Il faut bien convenir que les données sur le duc d'Alsace, père de sainte Odile, prêtent, sinon à la négation, au moins au doute, Ces données sont confuses, les noms attribués diffèrent, les faits relatés sont difficiles à concilier. Il y a un *Adalricus* à Autun parmi les bourreaux de saint Léger[1], un *Chadicus* dans le val de Moutier pour assassiner saint Germain[2], un *Adalricus*, fils d'*Amalgarius*, du sang royal de Burgondie, dont fait mention une charte de Theodorick III[3], un *Atticus* dans les vers de Fortunat[4], qui certes ne pouvait avoir rien

1. Voyez la Biographie de saint Léger dans Mabillon, tome II, p. 659, et Duchesne, tome Ier, p. 608.

2. Vie de saint Germain, dans Bobolène, chap. II et XII.

3. D'Achery, *Spicilegium*, t, II, p. 403.

4. *Fortunati carmina historica*, dans Duchesne, t. Ier, p. 481.

de commun avec le terrible leude ripuaire de Hohenbourg, enfin il y a plus d'un *Eticho* parmi les Guelfes de Bavière. D'un autre côté, on ne peut méconnaître que dans le VIIe siècle l'Alsace n'ait fait partie successivement et par fractions du royaume de Bourgogne, de l'Austrasie, et du royaume de Theodorick III qui comprenait l'Austrasie et la Bourgogne.

Mais tout cela n'empêche pas que l'Alsace ou une partie de l'Alsace n'ait pu avoir dans le VIIe siècle et au commencement du VIIIe ses ducs particuliers, son chef de subdivision territoriale, son préfet en un mot. Vers la fin des Mérovingiens il y avait deux espèces de ducs, les uns déjà à peu près souverains comme les ducs des Alémans et des Franks orientaux ou d'outre-Rhin, les autres simples officiers royaux, tantôt suivant la cour ou la *Trust* du roi, tantôt investis du gouvernement d'une province ou d'une fraction de province, et jouissant à ce titre des domaines royaux ou d'une part sur le produit de ces domaines. Le même duc pouvait être successivement chargé de l'administration d'une partie de la Burgondie, ou de la Neustrie ou de l'Austrasie, comme aujourd'hui un préfet peut administrer successivement différents départements. Repousser la tradition alsacienne, appuyée de nombreux textes, uniquement parce que d'autres documents prouvent l'existence d'un duc du même nom en d'autres contrées, serait chose aussi téméraire et déraisonnable, que si dans mille ans on venait à prétendre que tel ou tel n'a pas été dans le XIXe siècle préfet à Strasbourg ou à Colmar, parce qu'on aurait trouvé des indices de son administration à Toulouse ou à Épinal. La question d'Atticus n'est pas entre l'Alémanie, la Bourgogne et l'Alsace, car le même duc, qui joue un si vilain rôle à Grandfels et à Autun, a pu résider soit avant, soit après, en Alsace y avoir eu une fille aveugle, et avoir aidé cette fille à fonder un monastère. Quant aux noms différents sous lesquels il est désigné, *Chaticus, Atticus, Éti-*

chon, *Eicho*, *Hettick*, *Édichin*, *Adalricus*, ce ne pourrait être là une objection sérieuse: quel document du moyen âge n'estropie pas plus ou moins les noms propres? Le *Ch* n'est que l'aspiration de l'époque franco-tudesque; *Atticus* est la latinisation d'*Éticho; Adalricus* témoigne de l'euphonisme romano-franck des écrivains légendaires. Ainsi le duc *Chaticus* de la charte de Childéric II en faveur du monastère de Saint-Grégoire dans le val de Munster-Alsace, le duc *Atticus* de celle de Théodorick III en faveur d'Ebersmünster, le duc *Ethico* de la première légende de sainte Odile, l'*Adalricus* du manuscrit de Honau, de la légende de sainte Attale, du fragment historique d'Urstisius, de la biographie de saint Léger et du testament de sainte Odile, sont bien un seul et même personnage. Ce personnage a résidé en Alsace, il y a porté le titre de duc, son fils Adalbert y a aussi porté successivement le titre de comte et celui de duc, et tous deux ont laissé des traces de leur existence dans de nombreux documents en partie apocryphes, je le veux bien, quant à la date y mentionnée, mais pouvant suffire à prouver que la tradition de ces noms et de ces ducs était vivante en Alsace à l'époque assez peu éloignée encore où la critique même la plus sévère fait ranger ces titres.

Dire, comme le fait l'écrivain étranger que nous essayons de combattre, dire que Vignier a inventé le fragment de la plus ancienne légende de sainte Odile, afin d'échafauder son système généalogique, c'est un peu trop oublier les auteurs antérieurs à Vignier, qui s'accordent sur les données principales de cette légende, c'est non-seulement ne tenir aucun compte des autres documents, sinon contemporains au moins d'âge assez rapproché, mais encore biffer d'un trait de plume les chroniques d'Ébersheim et de Senones, l'*historia Lombardica,* Albert de Strasbourg, Königshoven, Jérôme de Gebwiller, tous les chroniqueurs qui ont précédé le XVIIe siècle, et qui certes ne pouvaient prévoir les dissertations dynastiques, ni les discussions relatives soit aux alliances de la maison d'Orléans, soit aux prétentions de la maison d'Autriche sur l'Alsace avant et pendant les conférences de Westphalie. En un mot, c'est trop dédaigner la tradition constamment consignée dans tous les documents sur l'histoire d'Alsace depuis le VIIIe siècle jusqu'à l'ère de la critique historique, inaugurée surtout, pour notre province, par Schœpflin et par Grandidier.

Que ce duc Adalrick ou Etichon ait été petit-fils d'Erchinoald et fils de Leudesius, l'infortuné rival d'Ébroin, comme le veulent le fragment d'Urstisius et, d'après lui, Vignier, Chifflet, Blondel, Albrecht, ou fils de Luthérick ou Leuthaire, duc d'Alémanie, comme le dit le biologue édité par Mabillon et comme le pensent Lecointe, Eccard, Obrecht, Legendre, Grandidier, ou enfin qu'il ait dû le jour à un autre Luthérick, du sang guelfe alémanique, suivant l'opinion préférée par Schœpflin, cela importe peu, car dans les trois cas il fut duc d'Alsace ou, pour dire plus exactement, duc en Alsace pendant une partie du VIIe siècle, et il eut pour progéniture non-seulement sainte Odile, première abbesse de Hohenbourg, mais encore quatre fils, Adalbert, Battichon, Hugon, Ettichon, ducs et comtes en Alsace après lui.

Le manuscrit de Honau, édité par Grandidier[1] et réédité par M. Ravenèz à l'appui de sa traduction de Schœpflin, ne laisse aucun doute sur ce point. Pour infirmer l'authenticité de ce document capital, il faudrait réfuter Grandidier, ce juge si compétent et si peu disposé à accepter les faux titres. Non-seulement l'érudit professeur de Bâle ne l'a pas fait, mais il paraît même ne pas connaître l'existence ou la valeur de ce manuscrit.

Il est vrai que, d'après lui, non-seulement sainte Odile

1. Grandidier, t. Ier, de l'Histoire des évêques, preuves n° 45.

d'Alsace, mais le duc son père, et sa mère Bereswinde seraient un mythe imaginé par les moines d'Ébersheim, qui auraient voulu personnifier la fondation de leur monastère sous le nom de Bereshuinda ou Eburiswinda, et probablement aussi l'église filiale de leur monastère sur le mont Hohenbourg sous le nom d'Odile, fille de Bereswinde. Que répondre à cette supposition? Voyez-vous ces bons moines d'Ébersmünster occupés à poétiser leur abbaye sous les traits d'une belle duchesse qui devient mère d'une fille aveugle? Quel nom propre, pour peu qu'on le tire par les *cheveux*, s'il peut nous être permis d'employer cette expression vulgaire, ne prêterait à des interprétations de ce genre? Avec le système des mythes pour les noms tant légendaires qu'historiques, il n'y a pas un personnage de l'histoire, depuis Nabuchodonosor jusqu'à Napoléon, qui, on l'a dit souvent avant nous, ne puisse un jour être traité de mythe!

En résumé, parce qu'il y a eu une Odile à Laon et plus tard, dans le XIe siècle, une seconde Odile à Hohenbourg, est-on en droit de nier sainte Odile d'Alsace du VIIe siècle? Pourquoi n'y aurait-il pas eu d'autres Odile que sainte Odile d'Alsace? Pourquoi avons-nous plus d'un saint Jean, plus d'un saint Martin, plus d'un saint Germain, plus d'un saint Louis? Pourquoi tel miracle attribué à tel évêque ou à tel abbé du moyen âge a-t-il aussi été attribué à tel autre évêque ou abbé? Qui ne sait que beaucoup de légendes se ressemblent? Elles ne seraient pas des légendes si elles ne se ressemblaient pas. Mais sous les ornements plus ou moins heureux qui les voilent, les drapent ou les déparent, se cachent presque toujours des vérités historiques d'une grande valeur. Nier ces vérités historiques parce qu'elles sont enveloppées de nuages, c'est rendre impossible l'histoire de la première partie du moyen âge; car, sans les légendes, que saurions-nous des mœurs, des idées et des institutions qui ont suivi immédiatement la ruine de l'empire d'Occident? Or, ne fût-ce qu'au point de vue des recherches archéologiques, le mérite principal des légendes est leur acclimatation en certains lieux, leur persistance traditionnelle sur certains points du pays. Les transporter, c'est les détruire; les laisser où elles sont, sauf à les creuser pour découvrir leurs trésors secrets, c'est agir non-seulement en chrétien, mais en ami éclairé des études historiques. Que gagnerait-on à démolir le sanctuaire de Hohenbourg, sinon le regret de faire une plus sombre nuit encore sur l'Alsace du VIIe siècle? Respect aux légendes, elles sont le fil conducteur dans le labyrinthe des siècles de barbarie, elles sont notre phare au milieu des brumes de l'Océan des âges; elles ne doivent pas être seulement pour nous des gages précieux de la naïve foi de nos pères, mais nos plus saintes annales de famille, la lampe qui éclaire le sépulcre de nos aïeux!

L. Levrault.

(Extrait du Bulletin de la Société pour la conservation des monuments historiques d'Alsace.)

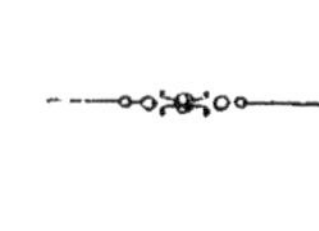

Strasbourg, imprimerie de Ve Berger-Levrault.

www.ingramcontent.com/pod-product-compliance
Ingram Content Group UK Ltd.
Pitfield, Milton Keynes, MK11 3LW, UK
UKHW021021220726
13924UKWH00001B/107

9 782019 914769